Ninguna fotografía está de más
Autor: Guillermo Cerceau
ISBN: 9798340319067

Publicado por Caobo
https://caobo.org/
Bélgica, 2024

Copyright ©2024 by Guillermo Cerceau

Guillermo Cerceau

Ninguna fotografía está de más

Caobo Ediciones

para Orlando Baquero

Nota del autor

Este libro reúne textos de épocas y tonos diferentes. El ensayo sobre Dantico quedó inconcluso culpa de mi falta de celeridad y de la muerte inesperada de ese gran artista. Presento aquí dos fragmentos cuya verosimilitud discutí y validé con Dantico. Las fotografías que los acompañan me fueron entregadas por el propio artista.

Todas las fotografías de este libro son propiedad de sus autores y se reproducen con su permiso. Aquellas no acreditadas se encuentran en el dominio público.

Índice

Álbum 15

Fragmentos de un ensayo sobre Dantico 61

Instantáneas 69

Ninguna fotografía está de más

Guillermo Cerceau

«A veces, mirando una foto tomada en la playa o en una fiesta, distinguía con leve aprensión irónica lo que aquel rostro sonriente y oscurecido me revelaba: un silencio. Un silencio y un destino que se me escapaban: yo, fragmento jeroglífico de un imperio muerto o vivo. Al mirar el retrato, veía el misterio. No. Voy a vencer mis últimos temores ante el mal gusto, voy a comenzar mi ejercicio de valentía, vivir no es valentía, la valentía es saber que se vive, y voy a decir que en mi fotografía yo veía El Misterio»

Clarice Lispector, G.H.

«… miraba las fotografías de mi hermano y mías de cuando éramos bebés encajadas entre la superficie de la mesa y el cristal (en una de ellas, mi madre, con el mismo salto de cama, me daba la papilla sentado en una silla infantil y ambos sonreíamos con una alegría que solo se puede encontrar en los anuncios de papillas) y pensaba cómo era posible que no se oyeran los grititos de dicha que yo lanzaba en aquellas fotos.»

Orhan Pamuk, Estambul

Álbum

1

Estos ojos que miran de frente, punzantes como flechas lanzadas a ese desconocido del futuro que, en esta oportunidad, resulto ser yo; no se comprende si asombrados o presos del miedo, no dicen nada, no piden, no reclaman, ni siquiera cuentan; solo la deshonesta interpretación del *marchante* o del periodista pone palabras en el oscuro vacío que mira y seguirá mirando, gracias a ese empecinamiento tenaz de la fotografía. Pero, si interpretar es una farsa injustificada, ¿cómo evitar, sin embargo, pensar en el sentido de esa mirada o, si pensar es demasiado arrogante (pretender descubrir, construir explicaciones, moralizar, indignarse) al menos imaginar, esa forma indirecta de pensamiento que carece de juicio?

Levinas: *el rostro del otro me impone una responsabilidad.* ¡Qué amarga y banal puede ser la filosofía frente a la realidad!

¿Acaso esta mirada me impone algo? ¿Acaso me suplica? ¿Me acusa? Se trata más bien de esa penumbra en la que el dolor y el miedo someten a una niña que quiere llorar y no puede.

2

¿Qué pretendía quien escaló las alturas de una montaña tan hostil para dejar constancia de la enorme soledad de este valle? Tal vez llamarnos a la reflexión: que experimentemos el pavor frente a la inmensidad vacía de la naturaleza. O quizás obligarnos a ver el rostro de la indiferencia divina, capaz de llenar el mundo de islotes de nada entre los asentamientos humanos. O tal vez compartir el placer que le proporciona lo que mira. La verdad es que solo pretendía registrar una experiencia para que, al menos una parte de ella, escape a los rigores del tiempo.

Mirar desde las alturas tiene algo de desafío pero también de arrogancia, como hacen Dios y sus secuaces, cuando desde más allá de las nubes nos observan (los santos nos observan desde el cielo; una carrera en la que, aparentemente, los caballos somos nosotros, Hebreos, 12:1).

El romanticismo de la naturaleza, ese que da lugar a lo sublime, es decir, a lo que asombra y conmueve imponiéndose a los límites de la percepción y de su posible entendimiento, suele tener dos caras opuestas e irreconciliables: la indagación crítica de lo no humano, que es el trabajo legítimo del artista y la presentación de la majestad de la naturaleza frente a la pequeñez de la figura humana, con el objeto de apabullarnos, que es básicamente lo que hacían los artistas fascistas (p. ej. la Riefenstahl).

Muchas veces la línea que separa estas oposiciones no se traza con claridad y contundencia. Mirar desde arriba puede ser entonces, por lo menos, peligroso. Es lo que hacen los pilotos de los bombarderos encargados de destruir las ciudades con el máximo de eficiencia; es lo que hacen los analistas militares que estudian las fotografías de los satélites para planificar un ataque con drones.

También lo hicieron, hay que decirlo, aquellos intrépidos cartógrafos que desde los globos aerostáticos dibujaron Londres y otras ciudades para asombro de sus contemporáneos y para inaugurar una manera de ver el mundo humano con el espíritu inocente de los pioneros de las ciencias.

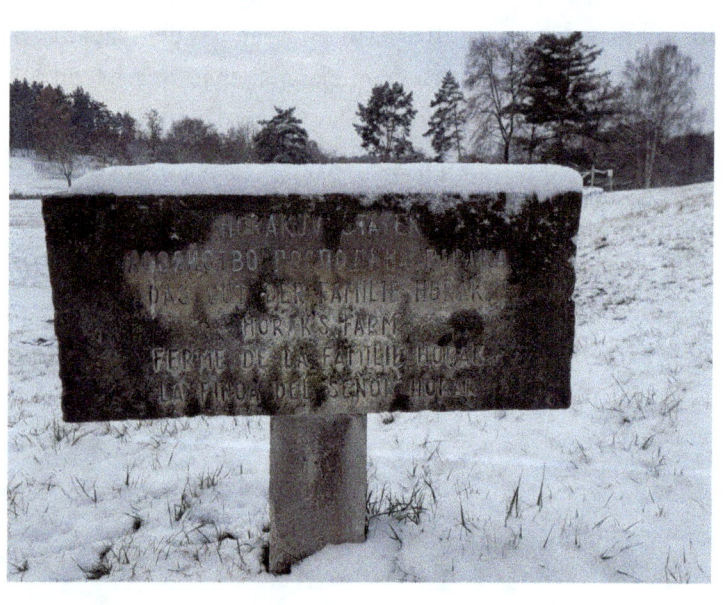

Fotografía © Laura Padrón

3

Son los abuelos. Solo los conocimos de manera indirecta o tangencial porque llegamos tarde a sus vidas, cuando solo podían darnos las migajas de un recuerdo y casi todo lo que sabemos de ellos lo sabemos por cuentos de familia, leyendas apócrifas o historias de terceros. Sentados en una pose levemente hierática, vestidos con un dejo de solemnidad, no se sabía en su época que en estos casos se debe sonreír y posaban con la misma auténtica sencillez con la que vivían: una nobleza que la vida cotidiana alimenta pero que el retrato que los sobrevive es incapaz de preservar e inevitablemente convierte en caricatura. Esa es la risa de la que hablaba Kracauer, siempre tan exquisitamente agudo. Lo que no pudo ver o imaginar es lo que le hemos hecho al pasado y a la memoria. Su notable reflexión ha sufrido el mismo destino que en su tiempo vislumbró para la fotografía, con una notable diferencia de signo: no hay caricatura en lo que queda de sus palabras sino la tristeza o la amargura de nuestra impotencia.

4

A su alrededor cada tarde merodean familiares y amigos, algunos por imitación o complacencia pero los más, poseídos por la convicción de que mirar su imagen o, lo que es casi lo mismo, estar cerca de ella, es una forma de compartir los afectos, esos momentos de sosiego en los que se parte el pan y se difunden los rumores. A cada quien la imagen le sonríe o le devuelve la mirada con un mensaje diferente, una idea o una palabra que en vida compartieron en la intimidad. A quienes solo pasan a su lado sin voltear el rostro también les llega algo de su presencia, como el mínimo calor corporal o su casi imperceptible aroma, esos estímulos sutiles que atestiguan una cercanía cuando la vista la ignora.

5

Tal vez no sea la memoria, es decir, el testimonio, la constatación de un pasado, el flujo incesante de los mensajes que parecen emanar de su superficie, la materia principal de la que está hecha la fotografía. Por el contrario, pienso que estas y otras posibilidades son efectos secundarios (pudiéramos decir, *daños colaterales del sentido*) de algo mucho más esencial.

La fotografía es una de las formas de la presencia, ese misterio que constituye la cercanía real o imaginaria de alguien o de algo. Todo el siglo XX o una importante cohorte de sus pensadores, luchó contra lo que se denominó "la metafísica de la presencia". Las inanes reflexiones de Derrida y sus discípulos sobre la fotografía son solo el juego estéril de un pensamiento intransitivo. La fotografía, como algunos sueños, como el perfume de alguien anclado a sus propias tristezas es una forma, atenuada sin duda, de la presencia que ya no es posible en el contacto físico.

6

En *Nuestra Señora de París*, Victor Hugo ve la ciudad desde las alturas de la catedral y comenta: "a veces existen en las ciudades tejados tan bellos como las olas en el mar". Solo la mirada, de todas las facultades humanas (¿es la mirada una facultad o una actividad? Las dos cosas), puede superponer la imagen de las olas del mar sobre la de los techos de las casas sin que se descontrole el mundo: un poder de desplazamientos imaginarios que afectan la ciudad sin dañarla.

¿Acaso sobre nuestra ciudad es posible superponer un mar, el movimiento del oleaje, las idas y venidas de la marea? Tal vez solo podamos ver en estos tejados dunas de un desierto acosado por el calor (las dunas, curiosamente, a veces se mueven como las olas de un mar) o si la imaginación lo facilita, el flujo colorido de múltiples intensidades (sí lector, estoy parodiando a los teóricos franceses), fuerzas sutiles que marcan cada calle y cada cuadra.

Desde el campanario de la iglesia de San José, sin embargo, solo veo un tránsito humano medio adormecido, unas nubes que se juntan lenta y silenciosamente en el horizonte, unos semáforos que parpadean y, muy en el fondo, una línea de edificios empeñados en afear la ciudad.

7

Me mostró la única fotografía de ella que se conserva en su familia. Joven, hermosa (que es como decir joven dos veces), mira a la cámara de frente y algo me hace sospechar que no se trata de un retrato sino de un fragmento ampliado y posiblemente retocado, cortado de una foto más grande: hace ochenta años este tipo de encuadre era solo para celebridades.

Me dice: parece como si siempre nos estuviera mirando. Pensé en explicarle que eso sucede con cualquier fotografía en la que el sujeto mira a la cámara, no importa si nos movemos, siempre nos mira a los ojos, un efecto *uncanny* que a veces divierte pero también asusta o conmueve (el llamado "efecto Monalisa"). Sus ojos aguados me detuvieron: una frivolidad técnica nunca podrá atenuar el dolor irreparable. Por supuesto no se trata de su hija, lo que hubiera sido un anacronismo imposible, sino de una tía abuela o, mejor dicho, bisabuela, en su lejana Polonia, dos años antes de su desaparición en la niebla y la noche.

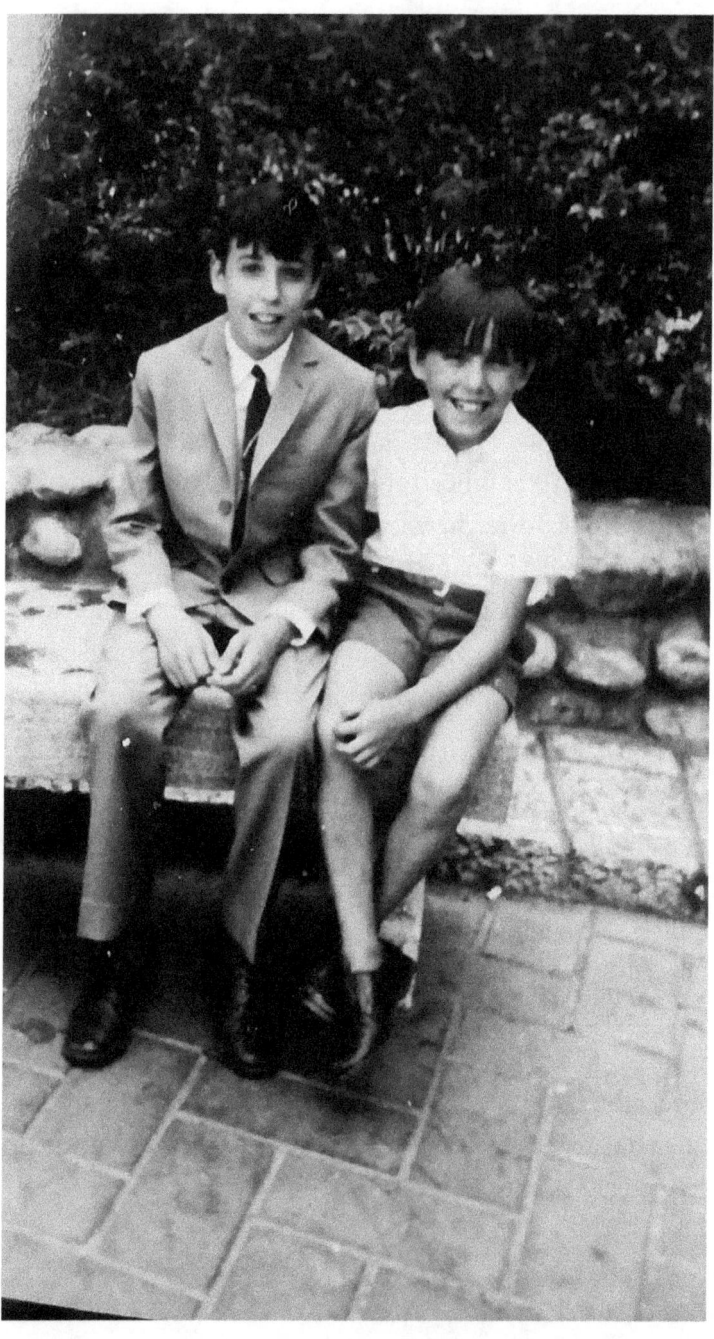

Fotografía © *Octavio Cerceau*

8

Los *posters* o paredes cubiertos de retratos, alineados en una cuadrícula de muchas filas y columnas, como un álbum simultáneo, un álbum que presenta todas sus láminas de una vez y que además de la percepción global de todas sus fotografías permite navegarlas, no mediante el paso de sus páginas, que es inevitablemente lineal, sino por el capricho de la mirada que deambula de aquí para allá y se detiene adonde quiere, o más frecuentemente, donde un rostro familiar la obliga. Estos rostros que miran de frente, así ordenados para aprovechar al máximo el espacio, son el resultado de una tragedia, sea política o natural, social, económica, militar; a diferencia de esos otros rostros aglomerados que también miran a la cámara, como las fotos escolares de fin de curso, las de los equipos de fútbol antes o después de un partido, de los asistentes a un evento profesional o de marketing, su coexistencia espacial es involuntaria, imprevista y, por decirlo de alguna manera, arbitraria: nadie dijo, "muchachas, fórmense y miren a la cámara", ningún periodista los invitó a que se colocaran los unos al lado de los otros para crear un *souvenir*. Aquí, estos rostros que parecen mirarnos (pero que sabemos, no nos miraron nunca) solo se encuentran flanqueados por compañeros de tragedia, muchos de ellos desconocidos para los demás. El ordenamiento espacial induce una lectura, sin duda, pero la historia de cómo se constituyó ese ordenamiento revela su sentido. ¡Cómo se parecen los carteles de los desaparecidos argentinos de los 70 a los de los jóvenes emigrantes venezolanos, obviando todas las diferencias de circunstancias y destinos! Se parecen de igual manera a las exhibiciones del genocidio camboyano, a los estandartes de marchas por los derechos humanos en todas partes.

Hay otras aglomeraciones de rostros, esta vez menos cartesianas. Las víctimas de los fusilamientos de la Comuna de París o de los ahogados en tantos desastres climáticos. Siempre rostros serios, casi formales, dotados de la modestia anónima de quien jamás se pensó a sí mismo como espectáculo. Es como si, incapaces hasta ahora de vivir juntos, solo pudiéramos coexistir en el sombrío orden reticular de la desaparición forzada, de la muerte disfrazada de justicia o de la lejanía que puede llegar a ser igual de definitiva. Pero este atrevimiento moralizador es deshonesto.

Pareciera que los jóvenes conservados en estas estampas frágiles y a la vez poderosas no hubieran sido generosos, amables, solidarios. Es el efecto deformante que sufrimos los espectadores lo que nos impide ver en esas sociedades involuntarias de imágenes quietas, no el fracaso de una generación, sino la fuerza bestial de quienes han triunfado.

Quienes creen que las imágenes pueden hablar, que significan, que de una manera u otra pueden ser sucedáneos de las palabras, pueden dedicarse a leer esas miradas que no miran y construir las historias que confirmen sus prejuicios, temores, verdades o fantasías. Quienes no solo no creemos en las diversas especulaciones de los teóricos nos preguntamos: ¿será que el teniente (¿o es capitán?) Astiz se ríe satisfecho de su obra cuando cada una de estas imágenes, imagina, es una medalla para él? ¿Será que el fiscal Graveau piensa lo mismo? ¿Duch, el arquitecto malvado del S-21? Vivos o muertos se ríen satisfechos: esa es la única verdad de estas fotografías.

9

Vivian Mayer, Daido Moriyama, Tatsuo Suzuki: ¿Qué es lo que comparten fotógrafos tan disímiles? Ciertamente no una temática, ni una técnica, ni un propósito o una filosofía de la foto o de la imagen. ¿Se puede, es legítimo, tiene sentido, subsumir bajo una etiqueta tal variedad? Probablemente no. Sin embargo esta heterogeneidad no nos resulta suficiente para negar un parentesco: todos son o han sido en algún momento fotógrafos de calle.

La calle, ese lugar donde transcurre la vida urbana, o mejor dicho, la parte pública de la vida de la ciudad, esa que compartimos sin darnos cuenta y que a cada instante deja de pertenecernos, esa vida es caos, yuxtaposiciones imprevistas, mezclas muchas veces cacofónicas, plagada de ambigüedades, equívocos y desencuentros pero también de felicidades y sorpresas, donde siempre falta un centro discernible que otorgue unidad o coherencia a la atención.

El fotógrafo de calle evita la verticalidad, prefiere figuras inclinadas, tomas en picada leve. Puesto que carece de una justificación narrativa el encuadre parece sospechoso o accidental, dotado de una casualidad tan espontánea que delata su artificio. La pretensión de objetividad o de desapego, la abstención de juicio, una transgresión muy atenuada: es decir, un realismo discreto se dejan ver en las imágenes de Moriyama, Suzuki o Mayer.

Como las modas arquitectónicas de los 90 o la literatura "posmo", un aura de globalización estética parece arropar estás fotografías. Pero a diferencia de la entropía visual arquitectónica, lo que las rescata de la aplanada mediocridad es su fuerza expresiva.

Una extraña homogeneidad en la superficie oculta una singularidad, evasiva pero real.

Reflejos: las vidrieras de los comercios que suelen constituir un plano reflectante, con brevísimas discontinuidades, cubren toda una cuadra, calle tras calle, a lo que se suman las carrocerías y vidrios de los vehículos y los charcos que quedan después de la lluvia. La calle por sí misma es un juego de espejos, juego que se complica cuando el fotógrafo se coloca en un punto en el que ve hacia adentro de un local que tiene espejos, a través de la vidriera.

Lo contingente y aleatorio de los encuentros en las calles se complica (Suzuki) con una intervención agresiva: las personas se cubren la cara o la voltean: los rostros misteriosos que el fotógrafo roba deben su enigma a la sorpresiva (y tal vez amenazante, o en todo caso, de intenciones desconocidas) presencia de la cámara.

Fan Ho como contraejemplo: el dominio de la composición geométrica.

La tendencia a la abstracción: dos vertientes, una la geometrización del espacio urbano masificado, como en Maier, la otra, la combinación de personas estilizadas o disminuidas frente a marcos arquitectónicos y sus sombras, una especie de caprichos salidos de los grabados de Piranesi y pensados con las figuras del presente.

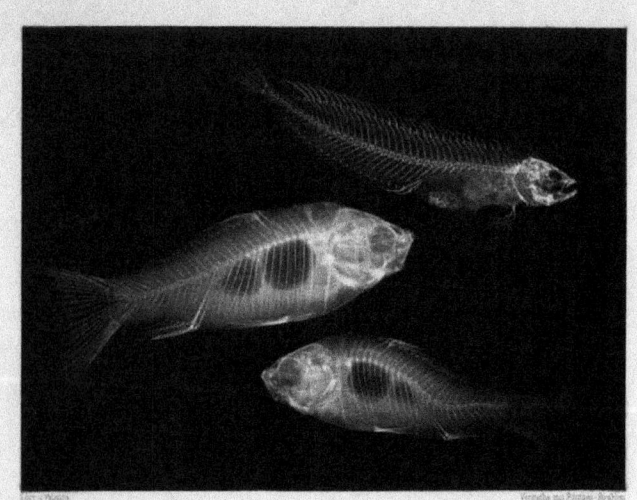

Zwei Goldfische und ein Seefisch (Chrusioeps argentatus)

Fotografía en el dominio público

10

Un marco amarillo con filo de bronce que permanecía en una esquina de la -para entonces- enorme mesa del escritorio de mi abuelo, sostenía una foto de mi padre y su hermana cuando eran niños. Lo veo claramente, cincuenta años después, posiblemente porque el escritorio -que era también la biblioteca- era el lugar más reservado de la casa, el que nos estaba prohibido a los niños y que por lo tanto, uno se esmeraba en poseer, aunque fuera solo en la memoria, cuando se presentaba la oportunidad de transgredir la interdicción. Mapas, grabados, libros encuadernados en cuero con lomos de letras doradas, bustos de filósofos y escritores: un espacio que de no haber existido mi imaginación adolescente hubiera inventado tarde o temprano.

Pero existió. He cotejado mi memoria con mis hermanos y mis padres numerosas veces, de manera indirecta, no porque ya de adulto temiera alguna represalia por haber estado donde se suponía que no entraba sino por el placer de validar mis memorias en una especie de experimento "doble ciego" aficionado. La foto de mi padre y mi tía, sin embargo, resume a los demás objetos y se interpone entre mi mirada interior y ellos, como una puerta o un velo a descorrer, de lo que deduzco tiene un valor simbólico y espiritual que todavía -si es que llego a hacerlo alguna vez- no he valorado correctamente. Aquella foto era relativamente inocente, en el sentido de su escasa o nula narrativa. Los recuerdo sonrientes, sin la seriedad de la foto familiar, tal vez porque muchas veces me han contado que su infancia fue privilegiada y debo imaginar que el retrato no era una manera de preservar lo evanescente sino una forma serena de constatar lo que se vive, es decir, no tanto el testimonio o fetiche sino más bien el registro autocomplaciente de quienes están destinados a la felicidad.

Es una experiencia común y posiblemente banal, aunque desconozco qué dice la psicología al respecto, el asombro con que los niños ven a sus padres cuando estos eran niños. Este es papá o mamá, este es el tío o la tía cuando tenían tu edad, suele iniciar una observación cauta y curiosa que generalmente dibuja una sonrisa y a la vez exhibe una incredulidad. Al niño pequeño le cuesta imaginarse que sus padres fueron a su vez niños. Esa súbita inversión de los tamaños, las expresiones, las potencias de los cuerpos, genera la incredulidad y la sospecha como lo hace en los cuentos, en las historias de hombres apresados en cuerpos infantiles o al revés; es, de alguna manera, *contra natura*. Además de esta inversión, un mundo de objetos, juguetes, ropa, estilos de peinado o corte de pelo, maneras de pararse frente a los adultos, se hace visible y es inevitablemente extraño, tal vez ridículo, en cualquier caso, asombroso.

Mi padre luce unos pantalones cortos como lo que hoy llamamos bermudas, es decir, que llegan debajo de la rodilla y mi tía una falda larga. Ella es mucho más alta que él y ambos sonríen a la vez que expresan esa seguridad de los infantes sin preocupaciones, seguridad que a un niño no se le puede reprochar -es esa impunidad infantil que convierte los sentimientos innobles en rasgos divertidos, produciendo así la segunda inversión, la de la culpa.

No tengo manera de saber cómo fue tomada esta foto cuya versión material hace décadas que no existe o se perdió en una de tantas cajas y baúles con los que fuimos desposeídos de nuestra herencia. La que sobrevive en mi memoria es, por supuesto, en blanco y negro, de unos cinco por diez centímetros, en tonos amarillentos, sin manchas ni arrugas o fisuras -un objeto bien cuidado- sin dedicatoria ni agradecimiento, sin pistas, flotando solitaria en un mundo perdido.

11

Hay imágenes que no se rinden a la écfrasis. Expresar en palabras lo que la imagen muestra resulta difícil si no imposible y probablemente carezca de sentido.

Hablando de la pintura holandesa del siglo xvii Svetlana Alpers propone la idea de una pintura *no- alberdiana*, es decir, distinta a esa que teorizó Alberdi a partir del Renacimiento italiano y que se resumiría en la célebre expresión *ut pictura poesis*. No me interesa ahora la diferenciación en pintura narrativa y descriptiva, entre lo espacial y lo temporal, que en la crítica de arte tiene mucha importancia pero cuyas premisas, me parece, requerirían de una interrogación minuciosa. Sin embargo, un pensamiento derivado de unas premisas cuestionables puede ser muy fecundo y ese es el caso de esta pintura no-alberdiana que describe Alpers. Aquellas imágenes no se prestaban fácilmente a una narración.

Nos interesa, sin embargo, más allá de las características que los estudiosos han encontrado en la representación pictórica y, por añadidura, en la fotografía, no tanto sus propiedades formales sino, para decirlo metafóricamente,

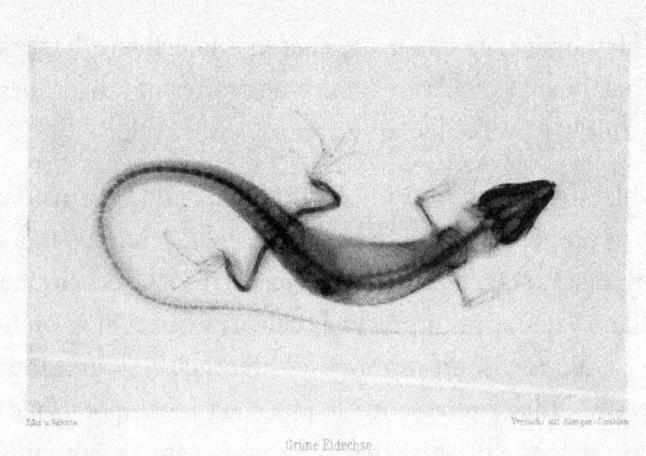

Grüne Eidechse

Fotografía en el dominio público

las fuerzas que se encuentran en ella, esas fuerzas que llevan a las imágenes a resistirse, a oponerse, a dificultar su lectura lineal o incluso su lectura a secas. Y nos interesan estas "fuerzas" porque pensamos que lejos de ser el caso de una cierta escuela de pintura (y de fotografía), es decir, que no responden a preceptos estéticos o técnicos o a la voluntad expresa de sus creadores, al menos no de manera fundamental, sino que pareciera que se encuentran, en diversos grados, en toda imagen.

Para un teórico brillante y problemático como Vilem Flusser existe una oposición radical entre el lenguaje (o mejor dicho, lo que él denomina escritura lineal) y la imagen, toda imagen, y esta oposición, que tiene muchas dimensiones, es en última instancia una oposición política. Pensamos que su propuesta no se sostiene o en todo caso expresa un temperamento filosófico (la expresión es de Sloterdijk) que nos es ajeno. Pero nos parece oportuno mencionarlo porque se refiere precisamente a esta oposición entre la imagen y la palabra (y digo palabra a sabiendas que no se corresponde completamente con la tesis del filósofo brasileño); digamos que la imagen presentaría una fiera pelea contra la palabra y abusando de Flusser, para evitar que esta la desenmascare.

He mencionado (seguramente simplificando y, tal vez, falsificando) el pensamiento de una historiadora del arte y de un filósofo de la fotografía. Por razones diferentes y con categorías que no son conmensurables, constatan una disparidad esencial, no la obviedad de la naturaleza heteróclita de imagen y palabra, sino una oposición de mayores consecuencias.

El *lenguaje de las imágenes*, noción problemática o incluso contradictoria, como *la semiología* o *la semiótica* de la imagen, pensamos, se trata de extrapolaciones del mundo del lenguaje al de la imagen, que ya hemos señalado, son inconmensurables. Sin embargo, no es mi intención entablar una polémica, inútil por otra parte, con las vacas sagradas del pensamiento contemporáneo o peor aún, con la ingenuidad teórica de muchos artistas, por no mencionar al público, sobre todo a esa porción del público que considera que asistir a exposiciones es una manera de demostrar una superioridad cultural, tal vez frente a sus familiares o vecinos.

Se trata por el contrario, de desplazar el centro de la reflexión del universo de la lectura, la interpretación o la búsqueda de un significado a los efectos que la imagen ejerce sobre el mundo, en particular sobre quienes se encuentran con ellas.

12

Lo más obvio, eso que no requiere explicaciones ni señalamientos -nadie dice: "mira, ahí está lo obvio, observa qué interesante o qué aburrido o cuán útil o importante es o puede llegar a ser", nadie se explaya en consideraciones porque la obviedad es esa ausencia o invisibilidad, lo que se asume tácitamente, lo que está ahí nos guste o no. Sin embargo, a veces es necesario sacar lo obvio de su obviedad, hacerlo visible, nombrarlo, eso que los formalistas llamaban "hacerlo extraño", porque tenemos la tendencia a negar lo que no vemos y después de negarlo olvidarlo y hasta llegar a creer que jamás existió. Es obvio que quienes tenemos cierta edad fuimos alguna vez jóvenes. La única manera de llegar a viejos es que en algún momento no lo hayamos sido y esta perogrullada luce no solo inútil sino excesiva; ¿Por qué insistir en algo que no lo requiere? ¿Será que alguien pudiera pensar que jamás tuvo una existencia anterior a la del presente, como si hubiera aparecido en el mundo sin un pasado, sin haber vivido y, es de presumir, sin memorias ni cicatrices ni las felicidades de la infancia? En efecto, a menos que alguien padezca alguna dolencia mental, eso no es posible. Sin embargo, a pesar de la obviedad, no deja de asombrarnos cuando, por azar tropezamos con un objeto o una palabra o un aroma que nos saca de esta comodidad de lo asumido como obvio y nos confronta con lo irrefutable. En este caso, se trata de una fotografía; pudo haber sido un viejo cuaderno de apuntes o unos zapatos relegados al cuarto de los desechos. Fuimos jóvenes, qué epifanía tan desconcertante, como darse cuenta de repente de que el cielo es azul o que, muy a pesar de nuestro paladar, el agua carece de sabor. Fuimos jóvenes: la mera frase evoca nostalgias, recuerdos, felicidades y culpas de lo que hicimos y de lo que dejamos de hacer. «Los sentimientos de juventud, los viejos pensamientos» (Joubert: *Il n'y a de bon, dans l'homme, que ses jeunes sentiments et ses vieilles pensées*). Un doble movimiento del alma se apodera brevemente de nosotros: una parte ve el pasado con cierta distancia, convencida de que ese otro de la foto, por mucho que se nos parezca, es sin duda otro; si nos lo encontráramos en la calle no lo reconoceríamos, muy posiblemente, en caso de que notáremos su presencia, nos desagradaría. La otra parte mira la imagen como si se tratara de un órgano amputado, algo íntimamente nuestro que el tiempo ha tornado inaccesible pero que sigue gravitando sobre nosotros, como una sombra lejana. Ambas actitudes responden a sus respectivas sensibilidades y ninguna es más cierta que la otra porque somos y siempre seremos una suma de contradicciones. Ambas, sin embargo, son tristes, dolorosas, algunas veces dulces, otras amargas, siempre enigmáticas. La fotografía sintetiza y armoniza todas estas posibilidades que nuestra obsesión por las certezas nos impide aceptar y nos obliga a simplificar, a encuadrar el sentido en una apreciación exacta, sin ambigüedades. El mérito de un cartoncito portador de una reacción química fijada por una fina capa invisible de modesta y efímera eternidad.

13

Antes de siquiera intentar una explicación o elaborar un sentido: una larga serie de fotografías, papeles, recortes de periódicos y fragmentos de cuadernos dispuestos sobre la mesa, como invitando un comentario o una ilustración.

Recorrer estos materiales con la mirada (en realidad, recorrerlos con la atención, porque siguen desfilando cuando uno ha retirado la mirada de la mesa y la despliega sobre otras cosas que hay en la sala, para terminar en línea recta atravesando la ventana que se abre sobre las montañas, como si una ventana fuera un sumidero hacia el que inevitablemente gravitan las miradas) es como componer una cuadro animado, el tapiz de Bayeux, una historia que aparece gracias a la mera yuxtaposición y que no tiene nada que ver con el fantasma de una voluntad construyendo un sentido, un relato, la transmisión o la revelación de un secreto.

Con o sin nuestra voluntad, las cosas que suponemos portadoras de significado (fotografías, dibujos, fragmentos de revistas) vistas desde una perspectiva que les impone una

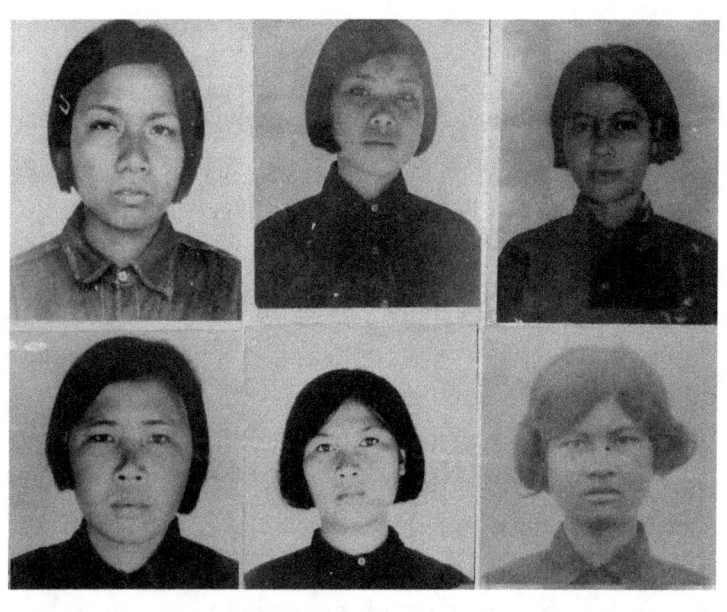

Fotografía en el dominio público

cierta sensibilidad nos revelan algo. Ese algo impreciso y arbitrario, pero no irreal, es el aura del lugar o del momento.

El aura no es solo un nimbo que rodea las cosas o que emana de ellas, como el aura de los santos que revela su santidad, su no pertenencia a nuestro mundo. El aura de la que hablamos es más como un perfume, una zona más o menos imprecisa alrededor de la cual las cosas cambian. Un microclima. Una luminosidad, como cuando nos detenemos en una tarde lluviosa a refugiarnos en una esquina y poco a poco, en la medida en que el sol se oculta, nos cobija (nos transforma) el color violeta de un anuncio de neón intermitente. Como la luz verde en la escena de *Vértigo* en que Scottie descubre que Judy es Madelaine.

El aura no explica. Aproxima, delimita territorios, vincula con sentimientos e ideas, con palabras dichas en otra parte. Hay una pseudo ciencia de los colóres que no por falsa es inútil: rojo es esto, amarillo aquello, verde tal vez. Hay una intuición (algo inferior a una ciencia y muy lejano de una seudociencia) que asigna aromas, climas, temperaturas a los discursos que recordamos. Es por esa razón que en un momento y en un lugar dados podemos decir: me siento azul, mohoso, con sabor a metal, sumergido en sombras o en luces y no tiene nada que ver con esa confusión sensorial que es la sinestesia sino con el intento de vincular la experiencia con la memoria, con la desesperación por escapar del carácter escalar, puntual y aislado de todo momento e integrarlo a una red de sentidos.

14

Estos dilemas articulados en torno a la tarea de representar lo que podríamos llamar momentos de precipicio emergen en diversas modalidades representacionales. En particular, atrapan a sus protagonistas y espectadores por igual en estados de expectativa que pueden ir desde la emoción hasta el pavor. El momento del precipicio entre la inmovilidad y la movilidad y la posición y el movimiento es similar a lo que se ha llamado el momento "a punto de" estudiado por estudiosos del fotoperiodismo y las comunicaciones como Barbie Zelizer. Zelizer se centra en estos momentos en su fascinante estudio de fotografías periodísticas de personas en los momentos inmediatos antes de su muerte. Estos momentos, captados por fotografías fijas que reclaman un fragmento de tiempo, están preñados de posibilidades y probabilidades, incluso cuando impulsan una narrativa de supuesta muerte. Entre las más famosas (infames) de estas fotos está la del jefe de la policía nacional de Vietnam del Sur, el general Nguyen Ngoc Loan, a punto de dispararle a un presunto colaborador del Vietcong en 1968.

Robinson Wagner. What is an event p.58

¿Qué es un monumento? Un objeto, generalmente de naturaleza arquitectónica o escultórica, pero también puede tratarse de un montículo de piedras, una construcción improvisada. Lo que todo monumento tiene en común es la conmemoración de un hecho real o imaginario. Conmemorar: recordar, hacer presente, reproducir de otra manera (con imágenes, palabras o sentimientos) unos hechos del pasado. Se conmemora una batalla o la vida de un santo, una hazaña científica, deportiva o cultural. Se trata de preservar para el futuro un evento que cambió la historia. El monumento tiene necesariamente un carácter épico.

Cuando una fotografía cumple con estas características podemos decir, aunque solo sea de manera metafórica, que se trata de un monumento. A través de ella se recuerdan unos hechos, se desarrollan narrativas que describen, alaban o critican esos hechos, se vuelve la mirada hacia el pasado y se lo reinterpreta a la luz del presente, de los desplazamientos semánticos y simbólicos que han sufrido los conceptos, las palabras, las consignas, las ideas.

Esta fotografía del Porteñazo funciona como un monumento. Como saben aquellos que han leído mis libros, que son muy pocos por cierto, descreo de los intentos de leer una fotografía, de decodificarla. Este no es el lugar para explicar mi actitud pero al menos debo aclarar un mínimo. La imagen no es un texto ni significa como la palabra. Hacer hablar a las imágenes puede ser un excelente ejercicio intelectual o poético solo si se aclara que esto que la imagen dice lo dice a través de quien la hace hablar, como un ventrílocuo. Siempre existe, claro está, la posibilidad de que una fotografía nos hable pero en ese caso debemos acudir a un siquiatra: estamos delirando.

Volvamos al monumento. Recientemente hemos visto, sobre todo en Estados Unidos, multitudes destruyendo monumentos, generalmente estatuas, que conmemoran algún personaje histórico. En nuestro país, hace unos años, un grupo de jóvenes derribó una estatua de Cristóbal Colón. Es obvio que quienes levantan una escultura o construyen un monumento y aquellos que lo derrumban tienen valoraciones distintas de su significado, es decir, de si debe o no ser conmemorado el hecho que preserva el monumento.

Aquí es donde la fotografía de marras, o cualquier otra, diverge del monumento físico. A menos que se trate del negativo original antes de la producción de cualquier copia o, en el caso de una imagen digital, de un archivo que no ha salido todavía de la cámara, es imposible derribar este monumento. La imagen fotográfica existe en multitud de copias que no cesan de multiplicarse y esto que es cierto de cualquier fotografía lo es más de la foto periodística, cuya primera encarnación fue en las páginas de un periódico, una publicación que por su propia naturaleza es múltiple.

Si esto que hemos dicho es verdad, la fotografía de un hecho histórico sería un monumento a salvo de turbas iconoclastas, un monumento indestructible, un hiper monumento. No importa cuál sea nuestra valoración del hecho que conmemora, no podemos hacer otra cosa que mirarla. Podemos destruir esta copia que tengo en las manos pero la fotografía no es la copia. Algo así como si se tratara

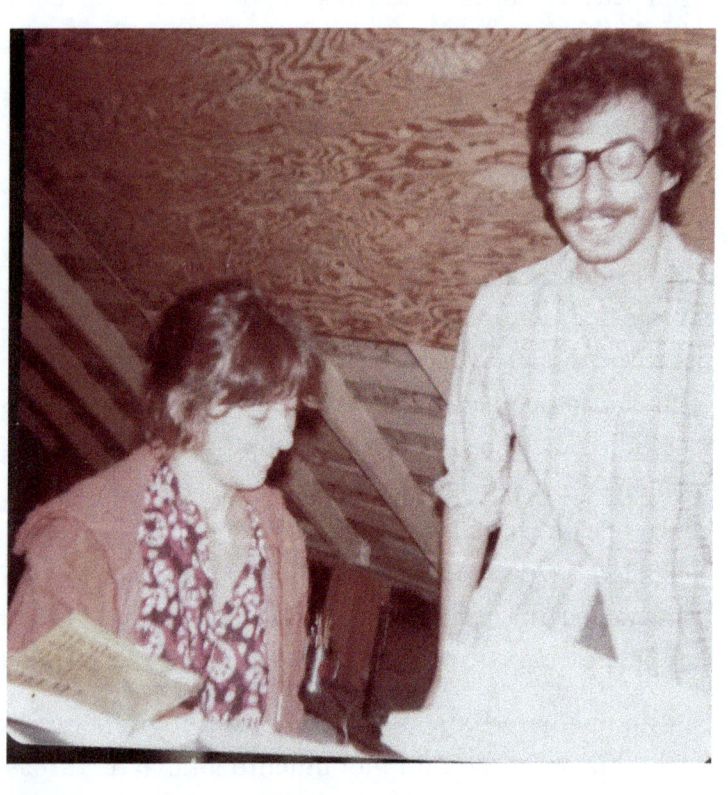

Fotografía © *Cristian Velarde*

de un arquetipo platónico cuyos remedos materiales son meras sombras. ¡Un hipermonumento platónico!

Debemos preguntarnos entonces, ¿qué evento conmemora esta fotografía? A diferencia de las estatuas o los mausoleos que claramente definen qué o quién pretenden que a través de ellos sea recordado, esta fotografía exhibe una singularidad. Podemos decir que conmemora un hecho humano, un acto de valentía en el que un sacerdote, arriesgando su vida, se acerca a un soldado moribundo para darle la extrema unción. Podemos hacer un poco de abstracción y decir que se trata de un monumento al amor cristiano, al sentido del deber o a lo que nuestra imaginación decida. Pero también podemos abrir el lente y colocar la imagen en su entorno más extenso: el combate entre los rebeldes y los leales al gobierno. Si repetimos esta operación no sería del todo ilegítimo ampliar el contexto a la Guerra Fría y eventualmente al destino del universo.

Entre el hecho puntual del que la foto es índice, el cura y el soldado, y los múltiples contextos concéntricos hay un nivel intermedio en el que la fotografía adquiere su sentido. El problema surge porque ese punto intermedio no es un dato de la realidad sino una imposición de la interpretación. Curioso y paradójico: la interpretación se fundamenta en un acto de ella misma, es decir, para dilucidar el sentido de la fotografía debe primero establecer el nivel en el que ese sentido y no otro se hace legible.

Curioso, porque quienes se apresuran a comentar la fotografía lo hacen prisioneros de la ingenuidad hermenéutica que tal comentario exige. Paradójico porque pone en cuestión el mismo acto de interpretación que se supone fundamenta.

Como todo monumento, esta fotografía respondió a un instante de tiempo y a un lugar del espacio que han dejado de ser tales, nos son para siempre inaccesibles fuera de un relato y de una memoria. En cierta manera, nos da la libertad de verla con nuestros propios ojos. Esto es cierto de cualquier fotografía, pero solo tiene importancia en el caso de aquellas que, como *La Ayuda del Padre*, señalan un evento que partió la historia en dos.

Los monumentos son objetos que nos hacen rememorar. Pero también, nos advierten. Esta duplicidad está en la propia etimología de la palabra. ¿Qué nos advierte esta foto? Que tengamos mucho cuidado con la manera en que queremos cambiar el mundo, la sociedad o las instituciones. Que a consecuencia de ciertos actos la gente muere en las calles, sus cuerpos destrozados por la metralla, su sangre regada por el pavimento. Que hay hombres valientes que arriesgan su vida por otros. Que los hay capaces de registrar esos hechos en una imagen que se eterniza. Que muchas historias, unas verdaderas, otras falsas, la mayoría confusas o de segunda mano, se contarán a partir de esos hechos y de esa imagen. Que la memoria puede ser un deber, un milagro o una maldición y muchas veces todo eso junto.

La historia nos puede ayudar a comprender una fotografía, pero ninguna fotografía nos ayudará jamás a comprender la historia.

Dicho todo lo anterior, consideraciones más o menos tangenciales sobre la fotografía en general y sobre esta fotografía, no nos hemos acercado ni un ápice a entender qué cosa es una fotografía. Tal vez porque no es una cosa, o mejor dicho, porque la cosa o el objeto que podemos palpar, llevar y traer, quemar, cortar, proteger o enmarcar es solo un aspecto, y tal vez el menos importante, de la fotografía. No quiero decir qué es; prefiero decir, como de tantas otras cosas, qué hace, qué efectos tiene sobre nosotros.

Una fotografía, cualquiera, congrega. Si se trata de una foto de familia hace que los retratados o sus parientes hagan comentarios, recuerden, rían o lloren. Una fotografía de un paisaje puede evocar un viaje o suscitar un anhelo y en ambos casos nos congrega, nos reúne a su alrededor.

Esta foto comenzó como testimonio de unos hechos, hizo ganar premios y fama a su autor y pasados los años, congrega a la gente a que hable de ella. Porque toda foto es un centro de gravedad alrededor del cual orbitamos los seres humanos.

Fragmentos de un ensayo sobre Dantico

Él y ella

Un joven europeo – digamos, de Italia – uno de tantos que en los años 40 y 50 del siglo pasado llegaron a Venezuela, como dice el lugar común, "en busca de oportunidades", abandona su familia, padres, hermanos con la firme promesa de volver, posiblemente rico o con mejor fortuna de la que es posible en el Viejo Continente, destruido por la guerra. Venezuela es el país de las promesas, algo así como la versión tropical del "sueño americano" que representa Estados Unidos, sueño que los inmigrantes registrarán en aquella frase de "hacer la América" que acunaron los españoles que aquí llegaron. Nuestro presunto italiano llega, tal vez sin nada más que su fuerza de trabajo –es, en la estricta definición de Marx, alguien que solo posee su fuerza de trabajo– y luego de múltiples esfuerzos, momentos angustiosos, aislamiento lingüístico, desencuentros culturales, tal vez, como en muchos

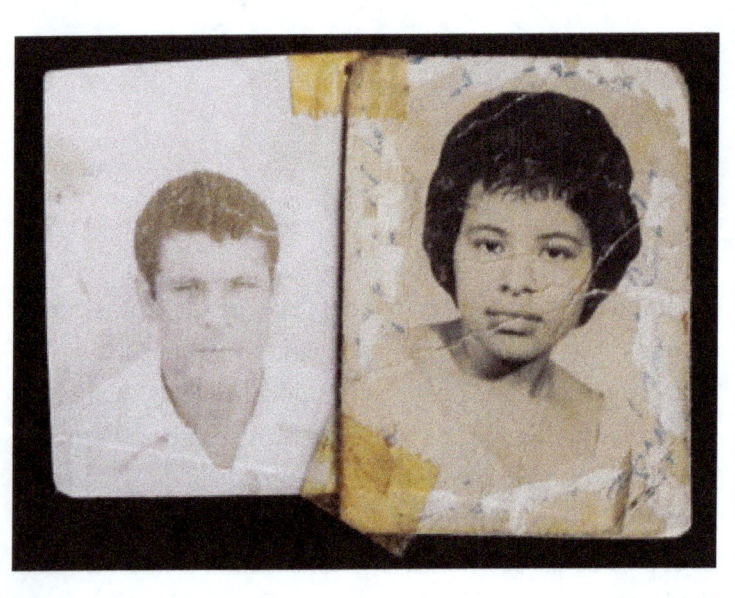

casos, el sometimiento a la esclavitud, o quizás, quien sabe, saltándose todos esos malos ratos, simplemente gracias al esfuerzo o a la viveza, esa que le permite al de afuera ver las oportunidades que el de acá no puede ver porque siempre han estado ahí y son como parte del paisaje, o tal vez, seguramente una mezcla de estas tres posibilidades y algunas otras más que no me vienen a la imaginación en este momento, este joven logra establecerse, construir una vida mejor, un trabajo estable o una pequeña fortuna.

Nada de esto, ningún logro, es válido o tiene sentido si no es compartido con la familia, con aquellos que juntaron sus ahorros para cubrir los gastos de un vapor y de la familia extendida aquí, entre nosotros, que le aportan los primeros auxilios – quién sabe si también las primeras amarguras, el abuso, la deuda de sangre, el agradecimiento convertido en esclavitud o por el contrario, la solidaridad en tierras lejanas, el refugio donde escuchar las voces del idioma natal. *Todos ellos*, ya sea para agradecerles o para enrostrarles: he triunfado, *todos ellos* deben saber que estoy bien, que he conseguido hacerme una posición. Es el honor medieval transcrito en clave de una modernidad nunca totalmente digerida.

De esta necesidad surge una fotografía. Un testimonio. La prueba incuestionable de que estoy bien, de que luzco decente, afeitado y peinado, que el niño que dejó el puerto de Nápoles con una bolsa de ropa y unos panes hoy es un próspero empresario o un humilde albañil, un comerciante, un barbero o ¿por qué no?, un estudiante o un abogado. El peinado, la mirada digna, levemente inclinada hacia la izquierda, la corbata y el flux atestiguan lo conquistado.

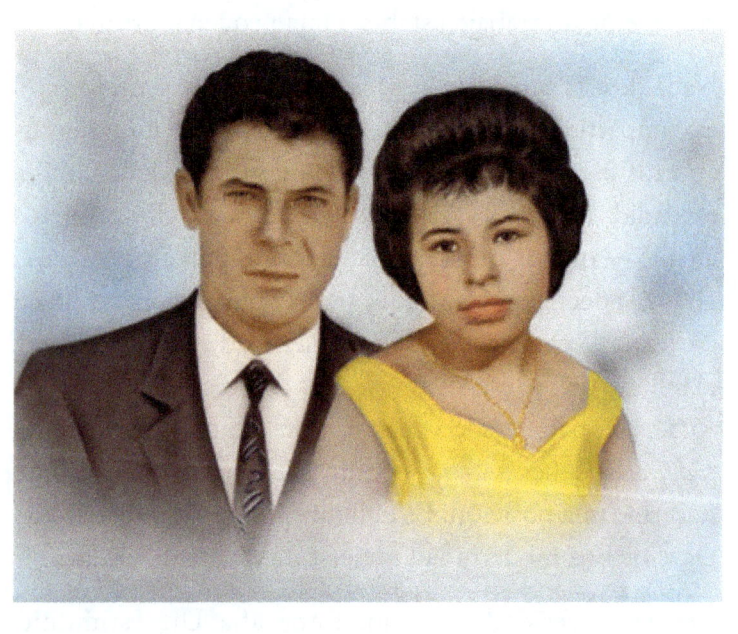

Cartas van y cartas vienen y la pregunta inevitable de aquellos que viven la vida a través de las esperanzas del que se fue pronto se manifiesta. ¿La esposa? ¿Los hijos? ¿La familia? Otra fotografía es necesaria, una que revele la compañera encontrada, la belleza tropical con que la fantasía orientalista y colonial de la vieja Europa entretiene a sus desheredados. La muchacha de pelo negro y enormes ojos morenos. Exótica. En ninguna parte se dice, tal vez no se piensa siquiera, pero se sabe: increíblemente caliente, incluso para un pueblo famoso por sus calientes mujeres.

Ahora veamos el mundo de ella. Así como Europa enviaba lejos a sus hijos, a lugares donde la guerra no había cortado la dimensión humana hasta reducirla a despojos, así también los campos venezolanos, ante el avance del progreso capitalista, envía a su gente a las ciudades, tan extrañas para una joven llanera como para un italiano. El mismo idioma con palabras diferentes, otra cultura, otras expectativas y posibilidades. Posiblemente ella también, aunque de otra manera, necesita decirle a quienes quedaron en el Alto Apure, que ahora es una respetable secretaria, una trabajadora de Sears o una estudiante. Quién sabe, tal vez una doctora. Más probable, una obrera de la zona industrial. Ella también se toma fotografías. Por motivos diferentes. Con significados diferentes. La mayoría son para documentos, eventos, fotografías totalmente utilitarias que alguien pide. La que envía a casa, sin embargo, dice muchas cosas.

Estas dos historias ejemplifican dos encuentros traumáticos de la pre-modernidad (el campesino de la Europa de postguerra y el emigrante del campo venezolano hacia la ciudad) con una versión fracasada de la modernidad, constituyendo ambas un trauma redoblado, duplicado sobre sí mismo: de una modernidad destruida a una nunca terminada. Todavía hoy el soberbio instrumental teórico de *El Laberinto de los tres minotauros*, de Briceño Guerrero, echa luz sobre esta construcción contradictoria y original que somos.

Está claro que el encuentro de estos dos seres en una fotografía es imposible. Dos mundos simbólicos, dos universos de expectativas e ilusiones incompatibles cuyo tiempo aún no ha llegado para coexistir armoniosamente en el terreno simbólico de la representación fotográfica, solo se harán posibles en su dimensión imaginaria. Se requerirá de un trabajo exterior, "artificial", la reunión de fragmentos, el acoplamiento forzado – y resentido por ella – de las partes que él ha recolectado.

Instantáneas

1

Nos invita a reflexionar. Evoca un recuerdo, siempre imperfecto. Quiere ser testimonio incuestionable pero solo logra desatar debates. La fotografía es siempre un rompecabezas al que le faltan unas piezas.

2

La imagen te mira y, como la escritura de Platón, no responde, por mucho que la interrogues. Pero Platón se equivocó: si fuera verdad que se niega a hablarte no te miraría con esa intensidad, no reclamaría permanentemente tu atención.

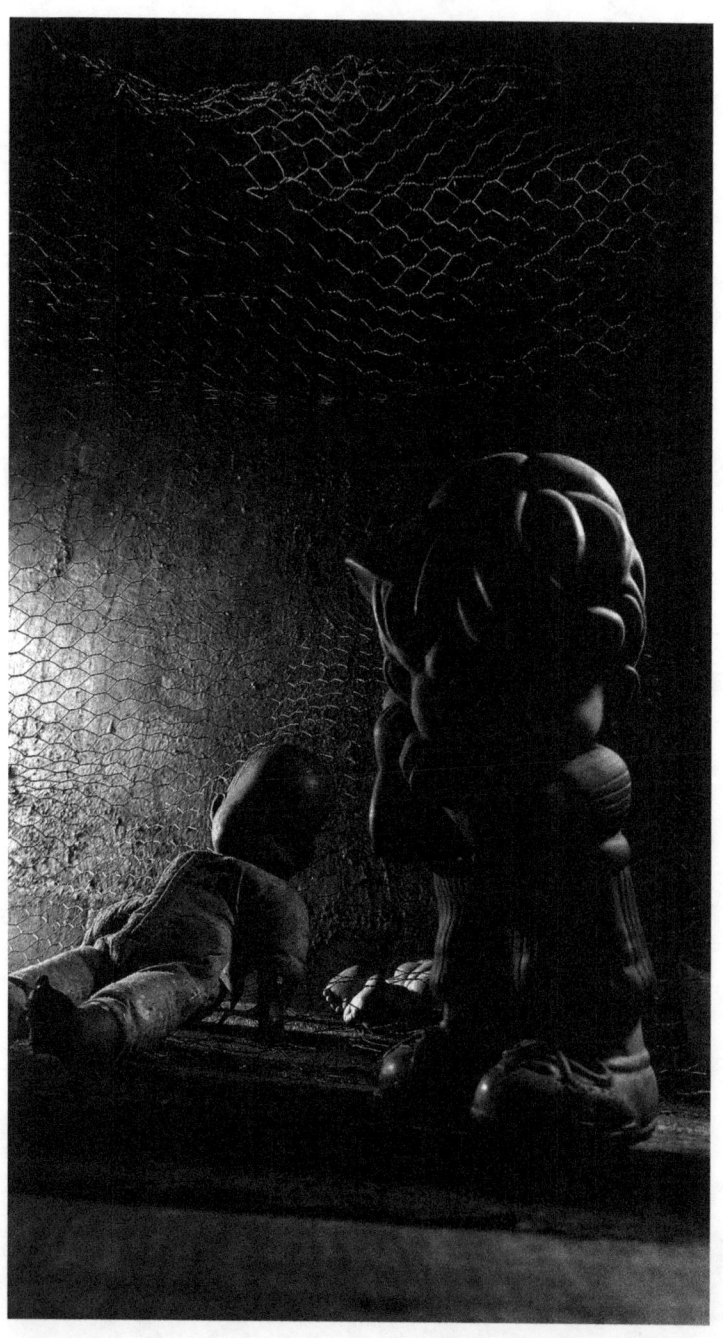

Fotografía © *Trotsky Vargas*

3

Cada tanto vuelves a mirar ese retrato, lo único que te quedó de ella. ¿Lo miras acaso para recordar algún detalle de su rostro? No, lo sabes de memoria, trazo por trazo. ¿Pretendes que te revele un secreto, por ejemplo, el de su ausencia? Tampoco: lo miras sin esperar otra cosa que verlo. La fotografía es una forma de la presencia; mirar el retrato es invocar una manifestación tan verdadera como la de un cuerpo. El cuerpo, sustraído del peso de su realidad, de sus limitaciones físicas, de la fricción de su movimiento, el cuerpo ausente es la esencia de una fotografía.

4

Hoy existen más imágenes que gente sobre la tierra. Cada niño que viene al mundo es fotografiado miles de veces antes de aprender a hablar. Un registro inmensurable de gestos y acciones parece el catálogo de todo lo humano como si ya se hubieran agotado todas las posibilidades, como si nada nuevo pudiera ser hecho. El fotógrafo, sin embargo, captura cada vez lo que nadie ha visto, derrota la inercia inhumana de la metástasis de las imágenes automáticas. Porque *ninguna fotografía está de más.*

5

¿Qué recordamos cuando tratamos de reconstruir una vida, por ejemplo, cuando abrumados por la ausencia de un ser querido, tratamos de evocar en la memoria algunas palabras o gestos o situaciones en las que este o esta aparecen? Generalmente un rostro o una mirada o incluso la figura entera que dirigida hacia algún lugar que no nos representamos, camina como entrando triunfante o mira como anhelando o diciéndose a sí mismo, "así es en verdad". En otras palabras, recordamos o imaginamos tópicos de la representación, lugares comunes recortados de alguna película o de la historia de la vida de otro, que insertamos en la figura de la persona amada, como si la imaginación que evoca solo pudiera proceder mediante lugares comunes, cosas dichas o repetidas por otros. Rara vez en estos actos de imaginación dirigida realmente creamos algo, rara vez la persona evocada nos sorprende con una actitud inesperada, inusual o que no se corresponda con un determinado biografema. Tal vez la evocación, que se nos presenta como un acto de máxima dignidad emocional, tiene que escapar de la posibilidad del ridículo, de la ocurrencia de mal gusto o del gesto fallido, huir de la comedia a todo trance. Como las personas que hemos amado no suelen ser seres heroicos, sin embargo el estilo elevado es pretencioso e irreal y sin darnos cuenta nos conformamos con el melodrama, que solo es tolerable disfrazado de situaciones emblemáticas, como las estatuas o los himnos escolares, que en su desesperado énfasis por lo grandioso terminan siendo insoportablemente ridículos, precisamente lo que se pretendía evitar. La única evocación posible del ser que ya no está que aspire a una fidelidad real y no convencional es aquella donde la persona convocada por la imaginación, más que ser una réplica de una imagen artificial que dice su discurso de siempre, como un robot programado, se presenta como único, como impredecible, como esa sorpresa perpetua que es siempre el más predecible de todos los seres si no es una máquina o un idiota. Imaginar un ser real es imaginar lo que no se puede definir *a priori* y parece en sí mismo contradictorio o destinado al fracaso, porque tenemos una idea muy pobre de lo que significa imaginar, que confundimos con una imitación servil a una imagen que nunca fue verdadera, a unas convenciones producto del temor y la inseguridad (ella se vestía así para disimular sus piernas muy delgadas o muy gruesas, él usaba el bigote de esa manera porque así parecía más serio, caminaba o reía de esta manera, que le quedaba bien: es la imaginación de la fotografía de cumpleaños). Para imaginar libremente hay que hacer, de alguna manera, como proponían los surrealistas, más allá de su charlatanería, de hecho, como hace cualquier creador: dejar que las formas primarias se

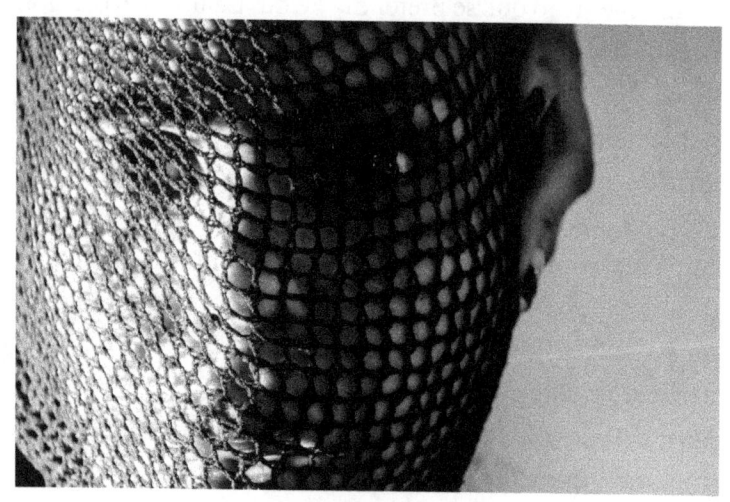

Fotografía © Maurys Arocha

aglutinen, tomen cuerpo, se desarrollen y desaparezcan, que una lleve a la otra, que se deslicen sin temores hacia zonas nuevas, que se expresen, se incorporen o se fracturen. Deja que el ser amado dé un discurso estúpido o que haga un gesto poco noble porque en esas fisuras aparecerá el ser que las imágenes de lo correcto han sepultado hasta deformar y poco a poco emergerá un rostro, una mirada, un abrazo, una cara que se devuelve, una palabra incluso, porque las imágenes verdaderas pueden hablar, moverse y de una manera insospechada por nosotros, vivir su propia vida.

6

¿Dónde está ese gesto, esa sonrisa, esa manera tan especial de entornar los ojos? ¿Qué parte del cuerpo los incuba y alberga? La mano que traza una línea delicada entre ese cuerpo y el mío antes de tocarme, ¿es esa mano un fragmento de cuerpo o es una expresión de otra cosa? Lo que otro ser es para nosotros lo es de muchas maneras: el cuerpo, sea en la presencia percibida o en la masa que se precipita (como en el sexo o en una pelea) es sin duda la más tangible, material, inobjetable. Pero el cuerpo se mueve de infinitas maneras y esos movimientos, sean de sus paredes, como cuando camina o de su superficie, cuando en ella se dibuja un gesto amable o un signo de agresión, son la dinámica del cuerpo, un cuerpo que emite sonidos y olores, que irradia energía en forma de calor, que deja permear distintos líquidos, sustancias viscosas y gases: todos los estados de la materia salen del cuerpo, como si este en vez de ser una expresión más de la materia fuera su génesis.

7

Esta mañana Zaida encontró una iguana en el patio y aunque se empeña en darme las señales de su ubicación no logro verla sino después de un esfuerzo reiterado. Es tan tímida que solo podemos observarla de lejos, cosa difícil porque se mimetiza con la vegetación. Uso el zoom de la cámara del teléfono y logro verla finalmente; tomo muchas fotografías mientras me acerco lentamente pero algún sonido inaudible para mí me delata y el reptil se escapa y esconde, seguramente preparándose para una nueva aparición, en pocos días o en muchos años. Cuando traslado las fotos a la computadora y podemos admirarlas en toda su majestuosa policromía quedamos extasiados. Este milagro -pero puede ser un milagro una obra de la naturaleza?- imposible de predecir, como un arcoíris reptante, intermitente e imprevisible nos hace pensar en el tiempo y entonces decidimos celebrar con una taza de café.

8

Nadie se fija, pienso yo, en la anciana que arrastra su bombona de gas; nadie, estoy convencido, saca la cuenta del peso multiplicado por la distancia acumulado en lo que muy probablemente ha sido una hora de enorme esfuerzo, agotamiento, tal vez un odio feroz contra las circunstancias que le imponen esta tarea. Nadie, me parece irrefutable, comprende esa serenidad que no es resignación ni ausencia ni mucho menos indiferencia sino el rostro engañoso de una impotencia que tarde o temprano estallará dispersando una energía violenta proporcional a la suma de todas las trayectorias multiplicadas por todos los pesos de todos los sufrimientos de todas estas ancianas que se cuentan por millones.

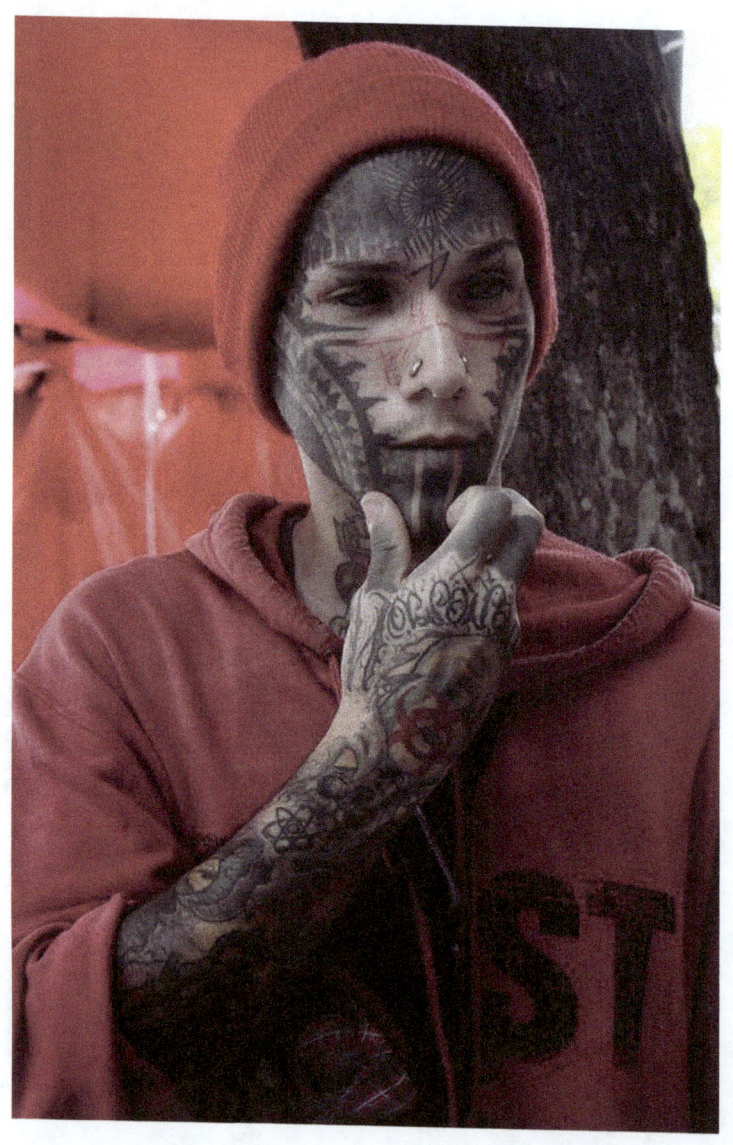

Fotografía © *Orlando Baquero*

9

El rostro es espejo del resto del cuerpo. Un espejo o un testigo, una muestra que en boca nariz y ojos reproduce los nudosos huesos de las piernas y las manos encallecidas; reproduce incluso su pobre mirada que se avergüenza y se esconde tras el pudor de los párpados. Pieles ajadas o desgarradas, huesos que las perforan o por lo menos las abultan como tumores, miembros tan acabados como si fueran el esbozo incompleto de un cuerpo del pasado. Todo se puede leer en ese rostro que quiere pero no puede ocultarse con unas manos que casi no le obedecen, con lo que su reflejo se torna hiperreal, exagerado, hiriente. Así es la muerte y así puede llegar a ser la soledad del abandono y el olvido: un frío espejo, un testigo mudo, ambos verdaderos hasta la náusea.

10

Hay algo de ridículo o cómico, incluso monstruoso o en cualquier caso siniestro, en los llamados retratos hablados que solía usar la policía (y que todavía usa donde el presupuesto no permite otra cosa) antes del *face recognition*. Rostros sintetizados de manera artesanal a partir del recuerdo inexacto o fragmentario de los testigos y la asombrosa habilidad de un dibujante, rostros en realidad de nadie que, se espera, tengan un parecido con el de la persona buscada que nunca será necesariamente ridícula, monstruosa o siniestra y mucho menos cómica, en caso de que realmente fuera culpable. Estos rostros que no cuelgan de ninguna cabeza, que son el producto combinado de las memorias y las habilidades pictóricas, repartidas en varios sujetos, terminan perteneciendo a alguien, como si la indagación policial exitosa lo estampara sobre la cara del culpable. Sabemos que hay individuos de memoria infalible y suponemos que algunos de ellos poseen de manera notable el don de la écfrasis y queremos creer que existen dibujantes con el don, hasta donde sabemos, sin una palabra erudita que lo define, de una écfrasis inversa, de la capacidad de dibujar con fidelidad lo que se les va contando. De *ut pictura poesis* a *ut poema picturam* pero, ¿estamos dispuestos a creer que todas estas improbabilidades resultan en otra cosa que una caricatura? No solo lo estamos sino que día tras día, justo antes de caer derrotados por el sueño, nos empeñamos en reconstruir esos rostros que nos eluden en el mundo físico y en la imaginación. Combinamos bocas y ojos, cabelleras, cejas y narices, sobre todo gestos y esas características tan difíciles de describir y de las que solo podemos hablar mediante una paráfrasis: la manera de entornar los ojos, la timidez de una sonrisa apenas esbozada, el aire atento o distraído, la relajación facial o la extrema seriedad. Es inevitable conceder que estas operaciones de recombinación solo son posibles porque albergamos en nosotros un acervo de partes, fragmentos faciales, movimientos codificados, sensaciones atrapadas en palabras: solo podemos armar lo que antes hemos desarmado. Lo sorprendente es que si bien nunca tenemos éxito -nuestro o nuestra culpable no emerge claramente ante la mirada interior, razón por la cual es un ritual que repetimos tantas veces, nunca nos enfrentamos a esos borradores incompletos, monstruosos o ridículos de la policía.

11

Dos niñas, una al lado de la otra, miran de frente como si las estuvieran fotografiando aunque no hay nadie en la otra acera, nadie ni nada, solo una larga pared pintada de amarillo claro. La niña de la izquierda es un poco más alta que la otra; tiene el pelo rubio con colitas atadas a cada lado y viste como una de esas antiguas muñecas de porcelana. Las mejillas están polvoreadas de carmín y sus grandes ojos azules sombreados por largas pestañas curvadas hacia arriba. La otra está vestida con ropa muy deteriorada.

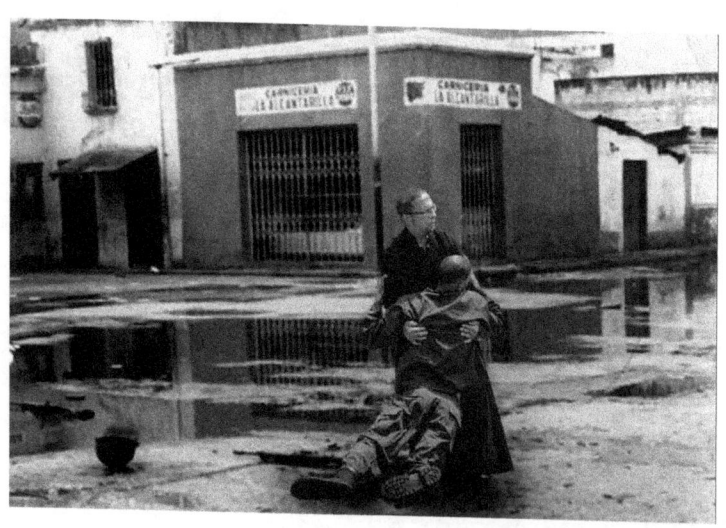

Fotografía © *Héctor Rondón*

12

Como el dolor que nos causa la pérdida de alguien muy querido o como la vergüenza de haber faltado a un compromiso sin excusas o como la tristeza de recordar los sueños abandonados a medio camino, así pesaba en el alma mía la obligación que me habían impuesto desde mi más temprana juventud de mantener viva esa presencia, de procurar que su figura se conserve intacta y su nombre sea recordado con veneración, respeto, admiración y todas esas cosas que en realidad nunca tuvo y que probablemente no mereció. Para quienes heredan una responsabilidad resulta una obligación la lealtad hacia el benefactor, lo que no deja de ser contradictorio, ya que toda responsabilidad es siempre un consumo, a veces excesivo, de energía, de fuerza física, de sentimientos e ideas y no luce muy justo o muy equilibrado que se deba agradecer tal imposición y mucho menos que el agradecimiento se manifieste en esa forma tan equívoca de la sumisión que es la lealtad.

¿Cómo se mantiene una presencia cuando el cuerpo que le daba sustento no solo se ha perdido en el tiempo sino posiblemente en el espacio, devorado por gusanos o descompuesto por el clima y las bacterias? El cuerpo puede ser embalsamado o preservado a bajísimas temperaturas; el cuerpo-cosa puede sobrevivir a su propia duración vital como pura materia, materia absolutamente quieta, es decir, sin energía, lo que es más o menos lo mismo que una materia incompleta o falsa. Pero ese reflejo que una vida proyecta sobre quienes la rodean y que llamamos presencia, esa simultaneidad múltiple de lo que se tiene en frente que no se limita a su cara visible sino que, como un cuadro cubista, se deja ver desde múltiples ángulos, no puede ser envuelta en un vendaje ni congelada en un dispositivo mecánico; la presencia solo se preserva mediante manipulaciones constantes de la memoria de quienes la perciben, sienten o imaginan.

Hay algo de patético en ese acto fallido que es un monumento, más equívoco mientras más "monumental": desde la irrisoria mimesis de las estatuas hasta las imponentes pirámides, túmulos, mastabas y otras expresiones de una megalomanía *post mortem* o, muchas veces, vicaria. El monumento pretende que cada vez que le pasas por el lado o lo ves en una fotografía recuerdes, sientas, pienses en ese o esa que ya no está y lo único que logra es obligarte a darle la vuelta, es decir, a todo lo contrario de lo que se proponía.

Lo mismo vale para esa equivocada misión que se le sigue asignando a la fotografía.

Solo conozco una manera, o mejor dicho, solo he aprendido una sola forma -sé que hay otras, pero me son lejanas o difíciles- de sostener ese *flash* brevísimo que ilumina el lugar donde quisiéramos que permanezca quien ya no está. Solo contando una y otra vez la misma historia, contarla con esa lenta repetición mecánica de quien reza un rosario. Repetir una y otra vez las mismas palabras, las mismas ideas afectadas por los mismos sentimientos: el *mantra* o la invocación, como se hace con los espíritus y los demonios y también en esos casos de obsesión amorosa, al menos en aquellas épocas del cine continuado cuando se podía ver una y otra vez la misma historia hasta que cerraban el cine. La magia de la repetición.

Permanecer es repetir ininterrumpidamente ese punto intangible del presente, como si se lo arrastrara a través del tiempo y se dibujara con ese punto extendido una línea infinita. Lograr la permanencia de otro es más fácil: ya no se trata de interpolar una geometría imaginaria en ese mundo más imaginario que es el tiempo sino de declamarlo como si fuera una sílaba, re-pe-tir-lo una y otra y otra y otra vez...

13

El cartel dice: "El mundo está hecho de palabras (o por las palabras) pero se nos acerca (o parece acercarse) como imágenes, imágenes que nos pasan rasantes como si nos fueran arrojadas a la cara por alguna entidad maligna. Pasan tan rápido que solo somos capaces de describirlas muy imperfectamente. Sí, el mundo está hecho de palabras que son insuficientes, pobres, precarias."